CRÓNICAS DE UNA NEW MOM

CRÓNICAS DE UNA NEW MOM

Jardela Obama

Círculo Rojo
EDITORIAL

Primera edición: enero 2024

Depósito legal: AL 22-2024

ISBN: 978-84-1061-382-9

Impresión y encuadernación: Editorial Círculo Rojo

© Del texto: Jardela Obama
© Maquetación y diseño: Equipo de Editorial Círculo Rojo
© Fotografía de cubierta: Depositphotos.com

Editorial Círculo Rojo
www.editorialcirculorojo.com
info@editorialcirculorojo.com

Impreso en España — Printed in Spain

El papel utilizado para imprimir este libro es 100% libre de cloro y por tanto, **ecológico**.

A aquellos miembros de mi familia que con tanto amor y respeto han sabido respetar mis decisiones en cada etapa de esta aventura.

A mi querido esposo, que ha estado siempre apoyándome en todas mis facetas.

A todos los médicos que han hecho posible que hoy pueda tener a mi pequeña conmigo, desde la clínica de reproducción asistida hasta el equipo de ginecología, neonatología, así como a todo su equipo de enfermería.

Y, por supuesto, a mi protagonista, la persona que me ha honrado con el nombre de madre. *La que un día espero pueda leer mis líneas y sepa lo especial que siempre será para mí.*

Capítulo 1
Luchando por mi momento zen

4·8·2023

Empiezo a escribir esto un poco tarde, ya que mi hija hizo apenas siete meses hace cuatro días. Sin embargo, es en la lucha por crear mi momento zen cuando empiezo esta pequeña historia. Pienso que toda madre ha de tener su momento zen, y no solo cuando sus hijos son bebés todavía, sino durante toda la existencia de una como madre.

22:45 horas de un viernes. Yo, una *new mom* en su pleno apogeo y disfrute de su maternidad con sentimientos más que encontrados, sola y con unas ganas inmensas de ser una buena madre (que no perfecta), pero a su vez asustada y luchando por no perderse ella misma en el intento.

Afortunadamente, la pregunta «¿quién me mandó?» no ronda por mi cabeza, pero sí otras muchas. Pero hoy, esta noche, me inspiro para hablar de lo que yo llamo el momento zen. Puesto que llevo siete meses de experiencias ya vividas como madre, pienso que es justo hacer un resumen de ello para así reencontrarme con el momento presente.

¿Por qué ahora? Porque he dedicado los meses anteriores a ocuparme en cuerpo y alma de mi hija. Situación que creo que está bien, pero poco a poco he ido descubriendo que una cosa no quita la otra. ¿Cuesta mucho esfuerzo mantener el tipo? ¡Sí! Pero no es imposible si una se organiza (en la medida en la que pueda haber una organización con un recién nacido en tu vida). El caso es que, como decía, resumiendo los seis meses pasados, no he tenido tiempo o, mejor dicho, no me he dedicado tiempo a mí misma. Pero no por estar pico y pala buscando ser la madre perfecta, sino porque he querido yo tomarme mi tiempo para disfrutar, conocer y abrazar cada instante del desarrollo de mi pequeña Valentina. Y, claramente, así seguirá siendo. Dado que creo, por lo que veo, que mi hija ya va siendo un poco más *independiente*, ya controlamos las dos los tiempos y momentos, voy teniendo algo más de espacio y tiempo para mí. Eso sí, siempre en las noches cuando ya está bañada, cenada y dormida. Algo es algo, ¿verdad?

El momento zen me crea mucha controversia porque estoy entre aprovechar esta etapa en la que ya dominamos los horarios —en particular, el del sueño, que es del que puedo disfrutar— y dedicar ese pequeño espacio a hacer mis cosas. Por ejemplo:

retomar la lectura, escribir, tomarme mi copita de vino, ver una serie o lo que a cada una le venga en gana. Pero, si optas por la segunda opción, a su vez piensas: «¿Por qué perder el tiempo? Vete a dormir, anda, aprovecha». ¡Y no! No debemos dejarnos sucumbir por el sonido de la nada en casa o la tranquilidad que conlleva poder sentarse después de otro día siendo mamá. Creo en la importancia del momento zen; de hecho, si tuviera que reivindicar algo en la maternidad, sin duda sería eso. Porque ¿qué es de una si se pierde a sí misma usando como excusa la ocupación más maravillosa que puede tener? Tiene sus puntos malos, pero, en definitiva, es maravilloso. Y creo que en eso coincidimos muchas madres.

Me gusta pensar que cada cosa tiene su tiempo. Escogí cómo vivir cada momento de mi vida, no todos salieron como esperaba, pero el ser madre es algo que deseaba, busqué, y obtuve mi milagro. Y es lo más maravilloso que ha podido pasarme, pero no por ello estoy dispuesta a *desaparecer*.

En mi caso, mi hija y yo coexistimos. Una vez que me he ocupado de ella y sus necesidades, voy por las mías. ¿Que cómo lo hago? Entre distracciones y otras, aprendo a respetar y descifrar sus necesidades y procuro enseñarle a *respetar* las mías. Os preguntaréis si se entera… ¿Creéis que una personita que sabe que vendrá mamá a recogerla si monta un berrinche no va a saber que este es el momento de mamá? Lo sabe, y bien. ¡De hecho, son expertos en cargárselos! O por lo menos mi hija. No siempre consigo que lo respete porque, al fin y al cabo, seguimos hablando de un bebé, pero lo sabe. Todo es cuestión de práctica día sí y día también. Así como te acostumbras a bañarlo a cierta hora y su pequeño cerebro se adapta a esa rutina, asimismo se adaptará al resto de las situaciones que te propongas. Eso sí, siempre con el cuidado y la delicadeza que se merecen nuestros bebés. Porque, momento zen o no, siempre han de ser lo más importante, lo primero en la lista. Por ejemplo: llevaba seis meses sin maquillarme y acabo de reincorporarlo a mi rutina en algunas salidas, aunque mi hija ya está acostumbrada a que mamá se ocupe antes de ella y después de sí misma. ¿Cómo? Aprendiendo a conocer sus horarios y sentimientos en cada momento. Cada bebé es un mundo, pero he dedicado seis meses a adentrarme en el mundo de mi hija. Y seguimos en ello, pero, como dije antes, esta vez es simplemente seguir el ritmo de una pauta ya marcada. Como cuando decides hacer una limpieza a fondo. Pues el resto de los días se dedican a mantener la casa limpia. Nunca dejamos de aprender, sobre todo ellos, que son tan observadores, pero retienen más de lo que creemos. Nuestros hijos aprenden a conocernos tanto como nosotros a ellos. Yo, que soy una mujer coqueta, y se ve, a la hora de vestirme le muestro a mi hija mis *outfits* y, entre risas, las dos decidimos qué ponerme. De esa situación, por ejemplo, aprende a reconocer ese momento cada día, y a veces noto cómo me mira mientras parece pensar: «Esta mujer ya empieza de nuevo». Y, si no le da por quedarse observando, se ríe y habla. Otras veces, cuando no tiene ganas, lo muestra sin más. Pero, aun en brazos, sigue mostrando interés en lo que hago.

Es extraño eso de tener a alguien observándote a cada instante, pero creo que es igual de insólito tener a alguien grabando cada cosa que haces o fotografiándote, o haciendo muecas y ruidos raros solo para sacarte una sonrisa. En definitiva, el tiempo es oro, no vuelve. Así que mejor aprovecharlo mientras podemos cuando son bebés, pero nunca descuidarnos a nosotras mismas. Siempre debe existir el momento zen.

Capítulo 2
Mi valiente

10·8·2023

Ya que he hablado de la personita que me quita mi tiempo, creo que es menester explicar quién es. Valentina es mi hija y apenas cumplió siete meses, como dije. Escribo esto no solo por mí, sino también por ella. Me gustaría que algún día, dentro de muchos años, mi hija se siente a leer sobre los maravillosos y no tan maravillosos recuerdos que guarda o guardó de ella su madre. Una atemorizada pero decidida madre a la que vino a llenarle la vida de amor.

Mi hija, Valentina. Sí, sé que me repito mucho con eso de «mi hija», pero es inevitable. Para mí, es como un título honorífico, mejor que ganar un óscar. El nombre *Valentina* significa 'valiente'. Su padre y yo se lo pusimos porque desde el vientre supimos que sería una luchadora. ¡Y así fue!

Valentina fue hecha con muchísimo amor, fruto de una fecundación *in vitro* (un proceso del cual hablaré más adelante) que prácticamente podría llamar *milagro* porque sin probabilidades certeras me quedé embarazada a la primera. Pero sigo hablando de mi princesa por ahora, que es lo que toca.

Fue concebida con mucho amor en la mejor clínica que pude haber encontrado y con los mejores especialistas después de sufrir dos abortos espontáneos de embarazos naturales, una extirpación de trompa y un sinfín de baches durante varios años. ¿Por qué valiente? Porque si ya es un milagro que de un embarazo natural un óvulo sea el elegido, aunque en una FIV (fecundación *in vitro*) se elige, las probabilidades generales de quedar embarazada de un primer intento son muy escasas. Iba con mucha ilusión, mucha fe, pero siempre con la cabeza fría frente a la posibilidad de un resultado negativo. ¡Pero no! El 30 de mayo de 2021, después de una espera de casi tres semanas y un tratamiento de meses, la prueba salió positiva. Un día inolvidable para mí.

Tuve un primer trimestre horrible, con mucho miedo porque tuve que acudir tres o cuatro veces a la clínica por sangrados. Pero, gracias a Dios, todo eran falsas alarmas. No eran sangrados de aborto, sino de implantación. Entre la inocencia de ser madre primeriza y el miedo de las dos pérdidas anteriores, tenía muchísimos sentimientos encontrados, pero, cuando Dios dice que algo ha de ser, ¡así será! Mi guerrera luchaba semana a semana por quedarse conmigo y yo intentaba por todos los medios ayudarla a hacerlo.

Pasado el primer trimestre, el segundo fue mucho mejor. Me encontraba más fuerte, así que empecé a salir de casa, vestirme y recuperar algo del peso que había perdido durante el primer trimestre. Todo iba perfectamente hasta que el 15 de diciembre de 2021 acudí a urgencias por un fuerte dolor en la boca del estómago. Me tuvieron en observación horas, monitorizando al bebé, y, una vez pasado el dolor, me mandaron a casa. Dentro de lo que cabe, puedo decir que ese día transcurrió satisfactoriamente, pero lo que yo no sabía era lo que vendría después. Una semana y pico más tarde, tenía la revisión normal de los siete meses de gestación (treinta y cuatro semanas), y en esa cita uno de los ginecólogos que llevaba mi embarazo (el mejor equipo médico que pudo tocarme) me expresó su preocupación al constatar que había poco líquido en la placenta, que provocaba que el oxígeno ya no llegase bien al bebé debido a un problema de tensión alta. Así, me diagnosticaron preeclampsia (en ese momento leve), lo que me llevaría a un posible parto prematuro. Al ser así, tenía entonces que someterme a una serie de análisis y pruebas previas urgentemente, para que así los médicos pudieran hacer un seguimiento exhaustivo y estar al tanto de todo ante una posible emergencia. Fue en una de esas pruebas donde se me vino el mundo encima. Acudí al médico un 28 de diciembre para la monitorización de las constantes de mi bebé y mi toma de tensión. Una prueba que debía ser algo rutinario se convirtió en mi peor pesadilla. Como digo, acudí ese día tan normal para la prueba. Recuerdo haber entrado en esa sala a las doce de la mañana y no volver a salir de ese hospital. ¡Todo se complicó! Hora tras hora, una enfermera y otra, como si de un desfile se tratase, a medir y seguir midiendo una y otra vez las constantes de mi bebé y mi tensión. Hasta que en una de esas me informaron de que no me podían dejar ir porque tenía la tensión por las nubes y, por lo tanto, había riesgo de preeclampsia (de la que también hablaré en otro momento).

Ahí estaba yo, sola, con mi bebé, sin entender nada. Solo recuerdo que tenía un hambre atroz, pero no podía comer nada porque debía seguir en ayunas para las pruebas. Hasta que a las siete y pico de la tarde vino una enfermera a informarme de que nos tenían que ingresar. Obviamente, por el riesgo de preeclampsia, no podían permitir que me fuese a casa. No olvidaré jamás el miedo que pasé, por mi hija ante todo, y luego por mí, porque me encontraba completamente sola frente a esa situación. No sola en espíritu porque, como creyente, para mí mi Dios me acompaña siempre… Pero sí físicamente.

Me sacaron de aquella sala tras más de siete horas de monitorizaciones y tomas de tensión para desvestirme, ponerme la bata y llevarme a otro cuarto de solo cables y volver a monitorizarme. No se veía cambio alguno, pero mi bebé se movía. En ese momento de angustia, lo único que me animó fue cuando vi llegar a una de las ginecólogas del equipo médico que llevaba mi embarazo.

Una vez en planta, nos mantuvieron en observación los días posteriores hasta que llegó el sábado 31 de diciembre a la una de la tarde, cuando la ginecóloga me informó de que se me tenía que bajar a quirófano porque los resultados no iban bien y era necesario sacarme ya al bebé. Y empezó de nuevo la angustia. Al fin, mi hija, mi valiente, vino al mundo a las 13:31 horas de la tarde de ese 31 de diciembre del 2022. A pesar de la aventura, el susto y estar pasando por todo aquello sola (que no pude peinarme ni mucho menos depilarme), todo salió bien gracias a Dios. Vi la cabecita de mi hija el ratito que pude y se la llevaron a la incubadora por prematura, ya que pesó 1.335 kg. A pesar de que mi hija estaba sana, mi angustia no acabaría ahí.

Los primeros cuatro días, la preocupación no cesó, unos cuatro días para mí eternos en los que la impotencia de no haber podido cargar a mi bebé desde que nació me estaba matando. Por supuesto que estaba muy bien cuidada y las enfermeras me traían fotos de ella a cada momento que podían, pero no era lo mismo. Cuando el dolor de la cesárea finalmente me dejó sentarme en la silla de ruedas, bajé a ver a mi pequeña. Para mi sorpresa, ya no llevaba cables y respiraba por sí misma desde el segundo día de vida. A mí me dieron el alta al séptimo día y, para rematar nuestra aventura, tocaba separarnos por un tiempo. En ese momento pensé que dejar ese hospital sola, sin mi bebé en brazos, era lo peor que me podía pasar, pero no… El peor momento fue llegar a casa y ver su cuarto. Las noches se me hacían eternas y solo deseaba que llegase el día para pasarlo en el hospital con mi hija. Perdí cuatro kilos y los chándales se convirtieron en mis mejores *outfits*, y ya del pelo ni hablamos. Sin embargo, en ese momento no importaba yo. Mi hija quería vivir como ya había demostrado desde el vientre, así que crecía y crecía día a día sin parar, ganándose el corazón de toda el área de neonatología. Hasta que por fin llegó el día más esperado. El 29 de enero del 2023, le dieron el alta a mi hija y por fin podía llevármela a casa. Claro que también lloré, pero esa vez por fin mis lágrimas eran de alegría. Ya podíamos empezar nuestra vida juntas.

Un mes de muchísimo aprendizaje, un mes poniendo a prueba mi fe, un mes que jamás olvidaré.

Capítulo 3
Leche materna

¡Puf! He de confesar que hablar de este tema me provoca muchos sentimientos encontrados porque sé que es un tema que origina mucha controversia en cuanto a opiniones; pero mi experiencia personal me ha mostrado ambas caras de la moneda, así que puede decirse que estoy a favor de ambas elecciones. ¿Por qué? Porque es tan necesario a veces lo uno como lo otro para muchas madres.

Como ya dije, mi hija nació con muy poco peso, por lo que, al no poder estar juntas desde su primer día de vida por mi estado de convalecencia, su primer bibe fue con leche de fórmula. Bueno, más bien diría su primera toma de leche por sonda. Y a los pocos días que ya pudo tomar bibe, también. Durante mi recuperación, me recomendaron estimularme con el sacaleches para así empezar a alimentar a mi bebé con leche materna, pero, sin mentir, estaba tan exhausta, tan triste y tan mal que no fue hasta el segundo día cuando comencé a hacerlo. Al principio, llenaba tantos bibes que hasta me sobraba leche para almacenar, pero, al tener mi hija la boca demasiado pequeña para lo grande que en ese momento era mi pezón para ella, la falta de succión hizo que produjese cada vez menos y menos leche. De hecho, una vez que me dieron el alta a mí, a la hora de almacenar leche para llevar al hospital para las tomas de la niña, muchas veces acababa llorando de la frustración. ¿Cómo era posible que alguien que acababa de producir tanta leche ya no pudiera ni llenar medio biberón? Pues muy fácil: ¡el estrés!

Ser madre es una exigencia constante y un no parar de intentos de perfección, pero nada más lejos de la realidad… Aprendí que no tenía que ser una madre perfecta, sino simplemente una buena madre. Una buena madre para mí es aquella que, para que su hijo esté bien, sabe que ella es la primera que debe estarlo. Había pasado por tantas malas situaciones sola y me volvía a exigir a mí misma tanto… Sentía una gran culpabilidad al estar yo en casa mientras mi hija se quedaba día tras día en el hospital. No me hacía bien, así que aprendí a trabajar con lo que tenía y, cuando no podía dar más, recurría a la leche de fórmula. De hecho, mi hija estuvo tomando leche materna hasta los tres meses. La situación de ella al no poder succionar más mi estado mental en ese momento me llevó a tomar esa decisión, y no me arrepiento, porque, estando ella en el hospital, me las apañaba, ya que solo me ocupaba de sacarme la leche y almacenarla; sin embargo, una vez en casa solas las veinticuatro horas y con el problema de la succión, dejé de exigirme y opté por lo más lógico para ambas. No podía arriesgarme a que un día a mi hija le faltase su toma de leche por mi empeño de ir de madre perfecta, pues la leche me salía ya a cuentagotas.

Su neonatóloga estuvo al corriente de mi decisión y en ningún momento me hizo sentir mal. La niña había tomado leche materna durante un tiempo prudencial y el cambiársela a fórmula no iba a suponer ningún problema. Aunque ni mi hija ni yo hubiésemos pasado por todo aquello, si tuviese que volver a elegir, lo haría todo tal cual si así lo sintiese. Porque, muy a pesar de haber superado una situación bastante difícil, no me siento ni mejor ni peor madre. Y, por supuesto, esa experiencia me ha permitido aprender a no juzgar jamás las decisiones de una madre. Todas queremos dar lo mejor de nosotras a nuestros bebés, pero para ello también debemos darnos lo mejor a nosotras mismas. Cuidarnos, querernos y mimarnos mucho. Porque todo el mundo se centra en el bebé, pero también está la madre. Una madre exhausta, pero con muchas ganas de hacerlo bien y que no siempre necesita las instrucciones, opiniones o consejos de todo el mundo, sino decidir por sí misma lo que crea mejor para su bebé. Una madre requiere consejo y opinión solo de los médicos.

Capítulo 4
La preeclampsia

Según la OMS, la preeclampsia es un trastorno hipertensivo que puede ocurrir durante el embarazo y el posparto, y tiene repercusiones tanto en la madre como en el feto. A nivel mundial, es una de las principales causas de enfermedad y muerte materna y neonatal.

Leído asusta, pero vivirlo es peor. Voy a ser breve en cuanto a este tema, ya que no soy médico, solo puedo hablar como alguien que ha pasado por ello. ¿Conocéis esa sensación de la Navidad, cuando esperas a Papá Noel con tus regalos, pero en vez de un regalo te encuentras con carbón? Así se siente la preeclampsia. Pasas meses y meses cuidándote, mimándote, ilusionada; imaginando su cara, sus pies, etc.; y de buenas a primeras te dicen que tu embarazo está en riesgo. Esa espera, la alegría de ver tu tripita creciendo día a día, hablar con tu bebé y empezar a preparar cada detalle para su llegada, todo eso se convierte en preocupación. Te preocupas hasta cuando el pobre bebé solo está dormido e intentas moverlo a ver si te da alguna patada.

Si puedo dar voz de alguna manera respecto a este tema, pediría más información para las madres, sobre todo a las primerizas, porque es importante saber que esto no se da por algo en particular, sino por la tensión alta; pero, como en mi caso, no salgo padeciendo de ello, fue algo nuevo para mí. De hecho, pasa más en los primeros embarazos, según me informaron. Pero esto no te lo hacen saber desde un principio. Me hubiese gustado saber de ello antes incluso de quedarme embarazada porque, en mi caso, gracias a Dios, no hubo nada que lamentar, pero hay otros casos que no terminan igual. Más información y más soluciones es lo que necesitamos sobre la preeclampsia.

Capítulo 5
FIV

Decidí someterme a este tratamiento porque, después de tener dos abortos espontáneos y varios intentos fallidos de forma natural, no se daba. Tras años de intentos fallidos, de noches en vela llegando hasta a denigrarme a mí misma como mujer, vi que física y psicológicamente era lo mejor para mí. Estaba harta de quedarme sentada llorando mi desgracia y dejando que otros opinasen acerca de mi situación. ¿Cómo podría saber que tampoco funcionaría si no lo intentaba? He de decir que el haber ido con la cabeza fría me hizo más llevadero el proceso. Estaba preparada tanto para lo bueno como para lo malo, pero dejar de intentarlo jamás.

En consecuencia, a los tratamientos fallidos hechos en mi país, lo primero que tuvieron que hacerme fue extirparme la trompa derecha, ya que debido a múltiples lesiones internas estaba afectada y corría el riego de llegar a la trompa izquierda, o a la matriz, que es peor. Una vez operada, comencé el proceso de estimulación y posteriormente las biopsias y tratamientos siguientes. Un proceso largo que requiere de mucha paciencia y fe, pero he de decir que, si corres con la suerte de encontrarte con una clínica, como lo fue en mi caso, se hace más llevadero.

Mi consejo para elegir una clínica es dejarse guiar por la intuición. Tener dos o tres centros que elegir y, una vez hechas las visitas, es la intuición lo que te hará escoger entre uno u otro. Yo llamé a tres, pero finalmente visité dos. Al visitar el segundo, no me hizo falta ver más porque supe enseguida que ese era mi sitio. Fue la mejor clínica que me pudo haber tocado, el trato y la confianza que me dieron fueron excepcionales. Aun en los momentos de bajón, supieron ayudarme a echar para delante y, gracias a ello, hoy por hoy puedo contar el mayor testimonio de mi vida. Me siento tan madre como otra cualquiera. Y algún día le contaré a mi hija que fue tan deseada que la busqué, ¡y vaya si la busqué! Hasta por debajo de las piedras la busqué.

Sea cual sea el método, el fin justifica los medios y no me avergüenzo. Es más, cuento mi historia para que, si hay mujeres que quieren y no se atreven por el qué dirán o por alguna otra razón, sepan que no están solas. Más vale intentarlo que quedarse con la duda.

Capítulo 6
Un poco de todo

En mi lugar de origen, África, concretamente Guinea Ecuatorial, nuestra cultura no conoce más que lo que nuestros ancestros dejaron dicho o hecho. La mujer, desde que nace, tiene un propósito: casarse y crear una familia. ¡Cuanta más, mejor! Allí los hijos son la riqueza del hombre. Sabiendo esto, podréis imaginaros que, hoy en día, para muchos sigue siendo impensable la idea de un embarazo por reproducción asistida.

De hecho, muchas personas de mi entorno se enterarán de mi *pequeña aventura* al leer estas líneas porque no es que lo mantuviese en secreto, sino privado. Más que nada porque un embarazo no se puede ocultar. Lo mantuve en privado porque no quería estar sometida a la opinión de nadie y vivir mi proceso en la paz más absoluta.

¿Seguiría compartiendo esta historia si el desenlace hubiese sido otro? Sí, porque si algo me ha enseñado esta experiencia es, primero, a no bajar jamás los brazos y, segundo, a no arrepentirme jamás de hacer lo que a mí me hace bien. Y, porque sé lo que me ha costado llegar hasta este punto, nadie mejor que yo para decir lo orgullosa que estoy de mí misma.

Índice